AF237695

Herstellung und Verlag: BoD - Books on Demand,
Norderstedt
ISBN: 9783752632231

Was für eine Welt
Der Schrei

Lyrik
Hubertus Scheurer

Inhaltsverzeichnis

Qualen eines Kindes

Kaum sahst Du das Licht der Welt,
Da begannen Deine Qualen,
Wurdest lieblos abgestellt,
Keine Augen, die erstrahlen,

Wenn sie schauten Dein Gesicht,
Keine liebevolle Stimme,
Es folgte, man glaubt es nicht,
Deine Leidenszeit, die schlimme.

Kamst dreimal ins Krankenhaus,
Wer hat Dich brutal geschlagen?
Hauchtest fast Dein Leben aus,
Bist zu klein, um das zu sagen.

Doch dann hat man sich besonnen,
Nahm Dich Deinen Eltern fort,
Warst der Hölle nun entronnen,
Brachte Dich an einen Ort,

Wo Dir Liebe wurd gegeben,
Konntest in Gesichter schaun,
Erstmals fingst Du an zu leben,
Lächelnd, in Dir wuchs Vertraun.

Doch wenn Deine Eltern kommen
Zu Besuch, das ist ihr Recht,
Zitterst Du, bist wie benommen,
Weinst, Dir geht es schlecht.

Jetzt soll ein Gericht entscheiden,
Ob du vielleicht mußt zurück
Zu den Eltern, um zu leiden,
Kurz war dann Dein kleines Glück.

Und den Richter hört man sagen,
Dafür ständ die Chance sehr gut,
Ihn sollt man zum Teufel jagen,
Wenn er dieses Unrecht tut.

Gegen Vergewaltigung

Vergewaltiger, oh nein,
Dafür fällt als Lösung ein,
Abzuschneiden solchem Pack
Von den Ärzten ihren Sack.

Der ist dann, sehr gut zu sehen,
Ihnen an den Hals zu nähen,
Und die Vergewaltiger
Gäb´s ganz sicher bald nicht mehr.

Engelswesen

Daran kann ich mich erbauen,
Wenn sie lächelnd zu mir schauen,
Kleine Kinder voll Vertrauen,
Daran kann ich mich erbauen.

Wenn sie mit den Händchen winken,
Ihre Äuglein lustig blinken;
Schön ist es sie anzuschauen,
Daran kann ich mich erbauen.

Engelswesen, diesen kleinen,
Mög die Sonne immer scheinen,
Wenn sie langsam größer werden,
Suchen ihren Weg auf Erden.

Kinderopfer für das Recht

Stell Dir vor, Dein Kind müsst leiden
Qualvoll in Verbrecherhand,
Und der Rechtsstaat würd entscheiden
Hier bei uns im deutschen Land,

Dass die Täter wär´n zu schonen,
Sei es, dass Dein Kind drum stirbt,
Weil wir in dem Rechtsstaat wohnen,
Sonst die Rechtskultur verdirbt.

Würdest Du das wohl verstehen?
Kinderopfer für das Recht,
Ist der Rechtsstaat so zu sehen,
Wird mir übel, wird mir schlecht.

Die sich mutig widersetzen,
Um zu retten hier das Kind,
Können niemals Recht verletzen,
Weil bei Gott im Recht sie sind.

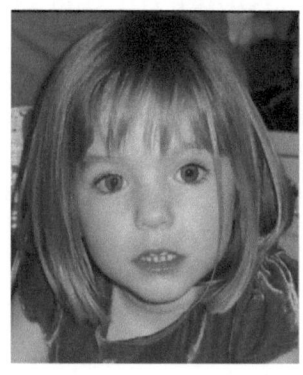

Die kleine Madeleine

Ein kleines Mädchen, den Eltern entrissen,
Wo bleibt der Aufschrei, das Weltgewissen?
Das Leid der Eltern nicht zu ermessen,
Die kleine Madeleine schon vergessen?

Wir müssen sie suchen, was trennt, überwinden,
Überall auf der Welt bis wir sie finden;
Die Eltern sie in die Arme schließen
Und Tränen der Freude endlich fließen.

Am Kinderhort

Am Kinderhort komm ich vorbei,
Der Blick zum Spielplatz, er ist frei,
Und um den Kindern zuzusehen,
Bleib ich am Straßenrand jetzt stehen.

Für wenige Minuten bloß,
Es lohnt sich, denn hier ist was los;
Wie sie dort schaukeln und sich jagen,
Mitunter Purzelbäume schlagen;

Auf ihrem Kopf ein kleiner Hut,
Ein Mützchen, das steht ihnen gut;
Wie sie begeistert sind und lachen,
Mir damit eine Freude machen.

Setz ich dann fort den Morgengang,
Bewegt von ihrem Spiel noch lang,
Hoff, dass ich sie werd wiedersehen
Beim nächsten morgendlichen Gehen.

Der erschlagene Lump

Carolina ist ihr Name,
Eine jugendliche Dame,
Gleichwohl nicht mehr ganz so jung,
Aber hübsch mit sehr viel Schwung.

Es wurd etwas später heute,
Nur vereinzelt sah man Leute,
Und nach Haus, das kleine Stück,
Legte sie zu Fuß zurück.

Jetzt warn es noch fünfzig Meter,
Hinter ihr vermummt der Täter,
In der Hand mit einem Stein
Schlug er plötzlich auf sie ein.

Hat die Tasche ihr entwunden,
War darauf sofort verschwunden,
Sein Schlag traf auf Kopf und Hirn,
Blut floß über ihre Stirn;

Unter Schmerzen ohnegleichen
Konnt sie grad ihr Heim erreichen;
Das passierte öfters dort,
So die Polizei vor Ort.

Das heißt wohl, wir müssen eben
In das Schicksal uns ergeben;
Da hab ich mir meine Welt
Doch ganz anders vorgestellt.

Wenn ich nun an gleicher Stätte
Diesen Lump erschlagen hätte,
Nein, ich hätte das bis heut
Sicherlich noch nicht bereut.

Schwerverbrecher hängen!

Liebe Inga, wo bist Du geblieben?
Vor Jahren hab ich über Madeleine geschrieben;*
Wir müssen euch suchen, müssen euch finden,
Es darf nicht sein, daß Kinder verschwinden.

Und Bestien, die Kinder töten, entführen,
Es gilt, sie mit aller Kraft aufzuspüren.
Darauf sollte keine Gnade obwalten,
Die Bestien man nicht am Leben erhalten.

Ein schneller Tod wär eine Gnade,
Für Schwerverbrecher viel zu schade.
Zur Abschreckung sollt man sie hängen
Hoch vor dem Rathaus weit sichtbar an Strängen.

Evchens Tod

Evchen wäre noch am Leben
Würd's die Todesstrafe geben,
Und der Kindermörder wär
Endgültig aus dem Verkehr.

Doch davor stand das Gewissen
Mit dem sanften Ruhekissen,
Das gemeine Mörder schützt,
Aber Kindern wenig nützt.

Das Gewissen kann gut schlafen,
Wollte mit dem Tod nicht strafen,
Ruht, das kam dabei heraus,
Sich auf Evchens Tod jetzt aus.

Zum Weinen

Kinder sind in größter Not,
Schon vor Augen ihren Tod,
Sie die leidgeprüften Kleinen
Bringen jedes Herz zum weinen.

Und es scheint, den Staatshaushalt
Läßt das durchaus ziemlich kalt;
Sollt die Stadt nicht alles geben
Was erhellt ihr kurzes Leben?

Doch stattdessen baut die Stadt,
Die es ja so reichlich hat,
Für einhundert Millionen,
Damit Kinder schöner wohnen?

Nein, aus ihrem Schuldentopf,
Überflüssig wie ein Kropf,
Schlicht, einen Museumskasten,
Um die Nachwelt zu belasten.

Unser Jungfernstieg, schaut her,
War so schön, das reicht nicht mehr;
Man schmeißt raus mit vollen Händen,
Reichlich fließen auch die Spenden.

Wär es da nicht angebracht,
Hätt die Kinder man bedacht,
Ihnen eine Zukunft schenken,
Hieß, den Geldstrom sinnvoll lenken.

Oh Gott!

Oh Gott! Kein Mensch war bei dem Jungen
Als er aus dem Hochhaus verzweifelt gesprungen;
War zwölf, ist aus dem Fenster geklettert
Und wurde beim Aufprall grausam zerschmettert.

Er sprang der Gesellschaft ins Angesicht,
Die denkt an Fußball und merkte es nicht;
Die Fahnen flattern, man hört sie schon wieder,
Begeisterungsschreie und trunkene Lieder.

Auch die Politiker singen im Chor,
Da feiern sie mit, kein Trauerflor;
Der Rathausmarkt nicht auf Halbmast geflaggt,
Was zählt schon der Junge, wenn Fußball sie packt.

Was für eine Welt

Niemand kann sein Leid ermessen,
Was für eine Welt;
Von den meisten schon vergessen,
Bist für mich ein Held.

Ich bewundre diesen Jungen,
Seinen großen Mut,
Wie er in den Tod gesprungen;
Trauer bleibt und Wut.

Sicher könnt ich ihn gut leiden,
Hätt ihn gern gekannt,
Ihn bewahrt vorm frühen Scheiden,
Ihm gereicht die Hand.

(Der Junge starb am 5. Juni 2008
in Hamburg-Lokstedt, Julius-Vosseler-Straße 134)

Zerbrochenes Recht

Grausam wurd sie umgebracht,
Eine Mutter von drei Kindern;
So der Weg sich freigemacht,
Um die Kasse auszuplündern.

Eine Spur, besonders heiß,
Sollte aufklärn das Verbrechen;
Wegen Mangels an Beweis,
War der Täter freizusprechen.

Jetzt stellt sich heraus ganz klar,
Die Beweise sind gefunden,
Daß er doch der Mörder war,
Die Justiz fühlt sich gebunden,

Daran, daß sie diesen Mann,
Da ein Urteil schon gesprochen,
Nicht mehr vor Gericht stelln kann,
Sonst würd mit dem Recht gebrochen.

Wie verrottet ist die Welt,
Läßt dies Scheusal einfach laufen,
Die so was für rechtens hält;
Man könnt sich die Haare raufen!

Mörder wird Rechtsanwalt

Es überläuft mich eisig kalt,
Ein Mörder, der wird Rechtsanwalt;
Er hat das Recht im Knast studiert,
Von dort aus bereits prozessiert,

Weil im Verlaufe seiner Tat
Man unsanft ihn behandelt hat;
Aus gutem Grund, wie ich befind´,
Es galt zu retten ja ein Kind.

Doch das zählt wenig, mehr zählt jetzt,
Das Recht des Mörders wurd verletzt;
Das Kind ist tot, doch er erhält
Vielleicht sogar ein Schmerzensgeld.

Das wär ein Startgeld, kommt er frei,
Für eine eigene Kanzlei;
Ich sag nur, wundersame Welt,
Das Recht wird auf den Kopf gestellt.

Erbaulich, wenn ein solcher Mann
Als Anwalt tätig werden kann!
Und was ist das für ein Mandant,
Der sich begibt in Mörderhand?

Der Schlaf des Gerechten

Ein kleines Mädchen gequält, umgebracht,
Eine Bestie von Mensch, die so etwas macht;
Die verzweifelte Mutter schlug auf sie ein
Im Gerichtssaal, und das soll strafbar sein.

Der Staatsanwalt, er verkündet dies laut,
Denn so leicht geht nichts ihm unter die Haut,
Das Leiden der Mutter, das Leiden vom Kind,
Weil Paragraphen ihm maßgebend sind.

Und die verlangen, die Mutter zu strafen,
Der Staatsanwalt könnt nicht mehr ruhig schlafen,
Wenn ihm die leisesten Zweifel kämen,
Die würden ihm glatt seine Ruhe nehmen.

Dank der Polizei

Unsre werte Polizei,
In der Tat der letzte Schrei,
Und im folgenden berichten
Wir alltägliche Geschichten.

Scheibenbruch, Häuser beschmiert,
Telefonisch registriert,
Diebstahl, bei den kleinen Sachen
Kann man ohnehin nichts machen.

Ist das ganze Auto weg,
Kriegen Sie bloß keinen Schreck;
Kauft man sich ein neues eben,
Hilft die Konjunktur beleben.

Nein, wir kommen nicht vorbei,
Es gibt doch nur Schreiberei,
Bevor Sie das neue kaufen,
Sollten Sie auch ruhig mal laufen.

Abends auf der Straße dann,
Hinterrücks, es war ein Mann,
Eine Frau beraubt, geschlagen,
Blut, es drehte sich der Magen.

Stellungnahme vom Revier,
Das passierte öfters hier,
Wer wird auch, statt fernzusehen,
Abends auf die Straße gehen.

Trotzdem sage ich, nur Mut,
Denn die Polizei ist gut;
Heute, schon am frühen Morgen,
Machte sie sich große Sorgen.

Folgte mir mit blauem Licht,
Denn die Sicherheit ist Pflicht,
Mit dem Gurt mich anzuschnallen,
Will mir nicht so recht gefallen.

Und die ganze Prozedur
Kostet dreißig Euro nur,
Da gibt's wirklich nichts zu klagen,
Und ich kann nur danke sagen.

Ein feiner Staat

Recht und Freiheit sollt ich schützen;
Dafür zog man mich einst ein,
Um dem deutschen Volk zu nützen,
Mußt ich gut gerüstet sein.

Lernt´ den Wurf mit Handgranaten,
Schoß mit dem Maschin´gewehr,
Panzerfaust, schlug mit dem Spaten,
Unsrem Vaterland zur Ehr.

Weil ich mich so gut bewährte,
Ging ich ab als Offizier,
Der den Waffenumgang lehrte,
Und man gratulierte mir.

Heute nun ist das vergessen,
Man zog die Pistole ein,
Die zum Selbstschutz ich besessen,
Dies würd zu gefährlich sein.

Es war eine Schreckschußwaffe,
Die durch ihren lauten Knall,
Das begreift wohl selbst ein Laffe,
Schützen sollt vor Überfall.

Für die Polizei hingegen
War das gar nicht zu verstehn,
Sah, tat schriftlich dies belegen,
Nun von mir Gefahr ausgehn.

Ging's um Raub und Überfälle,
Und die gab es hier zuhauf,
War sie aber nie zur Stelle,
Nahm ein Protokoll nur auf.

Recht und Freiheit mein Bestreben,
Setzte ein mich in der Tat;
Jetzt könnt ich mich übergeben,
Schau ich diesen feinen Staat.

Zum Polizeistaat

Längst sind gegangen wir den Pfad,
Vom Rechts- zum Paragraphenstaat,
Wo Richter auf den Paragraphen
Sich ausruhn, Wahrheit Lügen strafen.

Der nächste Schritt scheint mir nicht weit;
Wir nähern uns vergangner Zeit,
Wo gänzlich man das Recht entkleidet
Und gleich die Polizei entscheidet.

In meinem Fall, so ihre Sicht,
Ist überflüssig das Gericht;
Es nützt nichts, wenn ich mich beschwere,
Weil ihr Entscheid endgültig wäre.

Was sie vollbracht hat, das macht Sinn,
So geht's zum Polizeistaat hin;
Das Grundgesetz, die Menschenwürde,
Für Polizisten keine Hürde.

Silvesternacht

Silvesternacht, es lärmt und kracht,
Und ich muß an die Kinder denken,
Die man entführt, hat umgebracht,
Die Blicke gilt´s auf sie zu lenken.

Silvesternacht, Raketen steigen,
Kurz darauf ein Sternenschwall,
Sollte uns die Kinder zeigen,
Ihre Bilder überall.

Silvesternacht, wo bleibt die Trauer,
Wieder ging ein Jahr vorbei,
Mich befallen kalte Schauer,
Hört ihr nicht der Kinder Schrei?

Der Menschenhandel

Ihr Wunsch nach einem eignen Kind
Der sollt nicht in Erfüllung gehen,
Da Träume nicht vergänglich sind
So wie die Schmerzen bei den Wehen,

Ließ sie ihr Herzenswunsch nicht ruhn,
Ein Kind als Lichtstrahl für ihr Leben,
Sie würden dafür alles tun,
Ihm Liebe, ein Zuhause geben.

Und manch ein Kind kam auf die Welt,
Als eine große Last empfunden,
Wurd schweren Herzens abgestellt,
Die Eltern aber warn verschwunden.

Lag darin nicht die Möglichkeit,
Wenn sie die Mutter vorher fänden,
Für alle die Gegebenheit
Zu einem Guten noch zu wenden?

Dies nun gelang, man traf sich bald,
Fürs Kind begann ein bessres Leben,
Der Frau wurd für den Unterhalt
Ein kleines Sümmchen übergeben.

So weit so gut, doch was geschah,
Es hieß, das wäre Menschenhandel,
Schon warn die Selbstgerechten da,
Und sie verlangten Haft und Wandel.

Ja, sind sie rechtlich abgestützt,
Sie halten still beim Kindertöten,
Auch wenn es nur den Lumpen nützt,
Doch schlimmer wär's, das Recht ging flöten.

Zur Todesstrafe

Sie glauben an das ewige Leben,
Dies kann es nach dem Tod erst geben,
Der uns befreit aus unsrer Not,
Hier ist doch ein Freund, der Tod.

Ja, er ist oftmals eine Gnade,
Für Kindermörder viel zu schade,
Trotzdem glaubt mancher fest daran,
Daß man so hart nicht strafen kann.

Mein Kampf

Er hat seinen Kampf verloren,
Der Gewaltherrschaft verschworen,
Der Tyrann im deutschen Land,
Adolf Hitler, weltbekannt.

Ließ Millionen Menschen morden
Von den treu ergebnen Horden,
Bleibt für jeden eine Schand,
Der ihm nah steht oder stand.

Meinen Kampf, den führ ich leise,
Ganz allein, auf meine Weise,
Fern von jeglicher Gewalt,
Läßt die Menschen aber kalt.

Doch ich werd ihn nicht verlieren,
Mag die Staatsmacht auch marschieren
Gegen mich; für meine Ehr
Fällt kein Opfer mir zu schwer.

Freiheit

Freiheit unser höchstes Gut,
Wieder mal ein alter Hut
Für die Landespolizei,
Tief verstrickt im Lügenbrei.

Wahrheit interessiert sie nicht,
So erlischt der Freiheit Licht
Und damit zugleich der Frieden,
Der in Freiheit uns beschieden.

Dem gilt es sich zu erwehren,
Deshalb schreib ich ihr zu Ehren;
Nur durch Wachsamkeit und Mut
Schützen wir das höchste Gut.

Die junge Frau von nebenan

Die junge Frau von nebenan,
Oft hab ich sie gesehn,
Man spricht jetzt roh von Selbstmord,
Ich kann das nicht verstehn.

Die junge Frau von nebenan,
Ernst war schon ihr Gesicht,
Daß sie so sehr verzweifelt war,
Das ahnte man doch nicht.

Freitod ist niemals Mord,
Drum bitt ich Euch, streicht dieses Wort,
Freitod ist niemals Mord,
Drum bitt ich Euch, streicht dieses Wort.

Die junge Frau von nebenan,
Wie konnte das geschehn,
Hab ich mit offnen Augen,
An ihr vorbeigesehn?

Die junge Frau von nebenan,
Ich bitt' sie um Verzeihn,
Denn eher könnten wir vor ihr,
Schuldig geworden sein.

Freitod ist niemals Mord ...

Die junge Frau von nebenan,
Sie starb einsam, allein,
Nie war sie eine Mörderin,
Wer's doch sagt, ist so klein.

Die junge Frau von nebenan,
Ich trauere um sie,
Ihr früher Tod berührt mich tief,
Und ich vergeß sie nie.

Freitod ist niemals Mord ...

*Strafgesetzbuch § 211. Mörder ist, wer aus Mordlust,
zur Befriedigung des Geschlechtstriebs, aus Habgier oder sonst
aus niedrigen Beweggründen, heimtückisch oder grausam ...
einen Menschen tötet.*

An die Jugend

Einer höhren Welt verpflichtet
Ist der Mensch; von der Natur
Hin zum Geist'gen ausgerichtet
Wie sonst keine Kreatur,

Wurde ihm das mitgegeben,
Was man ein Gewissen nennt,
Kann moralisch sich erheben,
Weil er gut und böse kennt.

Sollt nach allem, was geschehen,
Unabdingbar Richtschnur sein,
Für das Gute einzustehen,
Gegen den verlognen Schein.

Daß sich würd das Klima wandeln,
Dahingehend scheint noch fern,
Jeder Einzelne muß handeln,
Laß ihn leuchten Deinen Stern!

Die Freisler-Jugendhaftanstalten

Schulschwänzer in die Haftanstalt,
Dank richterlicher Strafgewalt;
Das hat doch was, auf diesen Trichter,
Da kamen nicht mal Nazi-Richter.

Hier liegt es nah, daß ein Freisler
Von der Idee begeistert wär;
So könnten solche Haftanstalten
Den Namen Freisler nun erhalten.

Wenn es dann erst mal Schule macht,
Was dieser Richter hat vollbracht,
Wird mancher wohl aus freien Stücken
Doch lieber gleich die Schulbank drücken.

Die Block - Ikone

Eugen Block der ließ mir schreiben,
Ich sollte mich selbst entleiben,
Doch das ließ ich unterbleiben,
Sonst zähl ich zu den Ikonen,
Die bei ihm im Hause wohnen.

Nein, den deutschen Machtgeschöpfen,
Mit den abgefeimten Köpfen,
Werd ich nicht zum Opfer fallen,
Lassen sonst die Korken knallen.

Widerstand gilt es zu leisten,
Den Machthabern, diesen dreisten,
Und zu schließen deren Türen,
Die zum tiefen Abgrund führen.

Der verheiligte Eugen

Hätte Erfolg das Anwaltschreiben
Und ich würd mich selbst entleiben,
Könnt Eugen sich die Hände reiben,
Schon deshalb muß es unterbleiben.

Eugens Wünsche aber zeigen,
Welcher Geist ihm wirklich eigen,
Kaum jener, den die Presse dreist,
Als den heilgen bei ihm preist.

Doch geht es um Machtinteressen
Ist die Wahrheit schnell vergessen,
Und die Presse wird vor Eugen
Sich nur allzu gern verbeugen
Ihm die Heiligkeit bezeugen.

Die bürgernahe Polizei

Als bei uns in Intervallen
Frauen wurden überfallen
Hab ich abends patroulliert,
Damit das nicht mehr passiert.

Übernahm, ich war so frei,
Aufgaben der Polizei;
Die hat Besseres zu tun,
Muß um diese Zeit längst ruhn.

Früh am Morgen, auf der Tour,
Wenn ich dann zur Arbeit fuhr,
War sie auf den Nebenwegen
Allerdings bereits zugegen.

Schrieb und schrieb Falschparker auf,
Denn die gab es dort zuhauf,
Überflüssig, doch in Masse,
Machte sie so reichlich Kasse.

In dem Hauptverkehr der Stau
Interessierte keine Sau,
So wie Raub und Überfall,
Da schlief sie, war nicht am Ball;

Faselt, sie sei bürgernah,
Braucht man sie, ist sie nicht da,
Und statt dankbar mir zu sein,
Pißt sie mir auch noch ans Bein.

Die weiße Rose

Stolz im Deutschsein, dies Erleben
Kann "Die weiße Rose" geben;
Deshalb sollten wir sie hegen
Und der Jugend ans Herz legen.

Dabei ist sie unterdessen
Wie es scheint, fast ganz vergessen;
Sie, die in den schwersten Zeiten
Freiheitsrechte wollt erstreiten;

Hier in unsren deutschen Landen;
Junge Menschen, die dann standen
Vor den schaurig selbstgerechten
Richterlichen Henkersknechten,

Um gefaßt und ohne Bangen
Deren Urteil zu empfangen;
Diese Richter, das war Mode,
Straften grinsend mit dem Tode.

Gleichwohl im gepflegten Rahmen,
Nämlich in des Volkes Namen,
Was dahinter sie versteckten,
Kann auch heute noch erschrecken.

Nicht den Geist der weißen Rose,
Oftmals den der toten Hose,
Mit den abgestandnen Düften,
Die es dringend gilt zu lüften.

Der Schrei

Der Schrei, ihn sieht man an der Wand
Als Bild, durchaus nicht unbekannt
Und auch als Druck in einem Buch
Schaut er uns an, des Wahnsinns Fluch.

Er, der in Wirklichkeit nur stört,
Wird dort am liebsten überhört,
Obwohl der Schrei vieltausendfach
Sollt rütteln die Gemüter wach.

Durchzieht hier Tag für Tag das Land,
Prallt aber ab wie von der Wand,
Wird schnell verdrängt, die Masse schreit
Nach Jubel, Trubel, Heiterkeit.

Die hier aufgeführten Gedichte sind diesen Büchern entnommen:

Daß Liebe unser Leben durchdringt...

Schlaf Bürger schlaf

Kaum zu glauben

Widerstand den Affenärschen! Grundgesetz ade

Zur Lebensbegleitung

Ein Lyrikcocktail

Verleumdung durch die Hamburger Polizei

Erhältlich im offiziellen Buchhandel und auf amazon.de.

Bücher von Hubertus Scheurer:

Ein Lyrikcocktail der Gedanken
Taschenbuch: 3,50 EUR
ISBN-10: 3739259264
ISBN-13: 978-3739259260
ASIN: B017W82AA0

Verleumdung durch die
Hamburger Polizei
Taschenbuch: 3,50 EUR
ISBN-10: 9783743126114
ISBN-13: 978-3743126114
ASIN: B071RD7YP1

Ein sogenannter Rechtsanwalt
wird zur Kack-Phantom-Gestalt
Taschenbuch: 3,70 EUR
ISBN-10: 3739263938
ISBN-13: 978-3739263939
ASIN: B01BDRO91E

Kaum zu Glauben
Taschenbuch: 3,50 EUR
ISBN-10: 3743145421
ISBN-13: 978-3743145429
ASIN: B01N1YFYSS

Hier zu sichten:
Ein Nachtrag von Gedichten
Taschenbuch: 3,10 EUR
ISBN-10: 3748106122
ISBN-13: 978-3748106128
ASIN: B07PZ8SWR6

Weitere Bücher finden Sie unter: **www.hubertus-scheurer.de**